L'autre motif

L'AUTRE MOTIF

COMÉDIE

Représentée pour la première fois, à Paris, sur le Théâtre-Français
le 29 février 1872

MICHEL LÉVY FRÈRES, ÉDITEURS

OUVRAGES DU MÊME AUTEUR

LE DERNIER QUARTIER, comédie en deux actes, en vers.

LE MUR MITOYEN, comédie en deux actes, en vers.

LE PARASITE, comédie en un acte, en vers.

LE SECOND MOUVEMENT, comédie en trois actes, en vers.

LE MONDE OU L'ON S'AMUSE, comédie en un acte, en prose.

LES FAUX MÉNAGES, comédie en quatre actes, en vers.

LE DÉPART (Théâtre-Français.)

PRIÈRE POUR LA FRANCE (Théâtre-Français.)

LES PARASITES, un volume.

AMOURS ET HAINES, un volume.

Paris. — J. Claye, imprimeur, 7, rue Saint-Benoît.

L'AUTRE MOTIF

COMÉDIE

EN UN ACTE, EN PROSE

PAR

ÉDOUARD PAILLERON

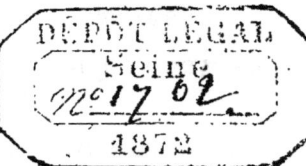

PARIS

MICHEL LÉVY FRÈRES, ÉDITEURS
RUE AUBER, 3, PLACE DE L'OPÉRA

LIBRAIRIE NOUVELLE
BOULEVARD DES ITALIENS, 15, AU COIN DE LA RUE DE GRAMMONT

1872

Droits de reproduction, de traduction et de représentation réservés

PERSONNAGES

GEORGES DE PIENNE. . . . . M. FEBVRE.
EMMA D'HEILLY. . . . . Mmes A. PLESSY.
CLAIRE, sœur de Georges. . . . . P. PONSIN.

L'AUTRE MOTIF.

Le théâtre représente un petit salon, porte au fond fermée par une portière en ce moment soulevée; portes latérales, canapé, fauteuils, table à écrire, etc.; au fond à droite, un paravent déplié cachant l'entrée d'un boudoir.

SCÈNE PREMIÈRE.

GEORGES, CLAIRE, entrant par la gauche.

CLAIRE, parlant à un domestique qui ferme la porte derrière eux et sort.
C'est bien, j'attendrai madame d'Heilly.

GEORGES, de même.
Oui, oui, nous l'attendrons.

CLAIRE, à Georges.
Toi, tu vas me faire le plaisir de t'en aller.

GEORGES.
Mais, Claire, mais, ma sœur..

CLAIRE.
Mais, Georges, mais, mon frère... allons!

GEORGES.
Comment, tu veux?

CLAIRE.
Je veux... As-tu des cartes sur toi?

GEORGES.

Certes! (Il en tire une.)

CLAIRE, la lui prenant des mains et lisant :

Georges de Pienne. Bien! Mets-toi là. (Elle le mène à la table et l'y fait asseoir.) Très-bien! maintenant écris là-dessous : « Reviendra à quatre heures. » (Georges écrit sur sa carte.) C'est au mieux! (Elle le fait lever.)

GEORGES.

Mais je voudrais au moins savoir...

CLAIRE.

Après moi, s'il te plaît. Le passage est mal aisé. Il faut des ménagements. Les hommes ont la main trop lourde. Laisse-moi seule. Ta présence ne serait ni convenable ni opportune.

GEORGES.

En quoi? Pourquoi? Comment crois-tu donc qu'elle le prenne? Tu me fais trembler.

CLAIRE.

Après tout... c'est un mari.

GEORGES.

Oh! Si peu et si mal. Mariée huit jours, séparée cinq ans... Et quel homme! Un ivrogne!... Elle a dû l'oublier... Elle l'a oublié.

CLAIRE.

Eh! eh! Qui sait? Le cœur est si dépravé. De bon compte, cela fait deux nouvelles à lui annoncer, car sait-elle que tu l'aimes? Et la façon dont elle accueillera celle-ci, dépend absolument de la manière dont elle prendra celle-là... Et puis encore t'aime-t-elle? Et puis, et puis..., s'il faut tout dire, ce que tu me fais faire n'est pas déjà si délicat, c'est pour cela que c'est... très-délicat... Tu me gênerais... Enfin va-t'en ou je m'en vais.

GEORGES.

Mais dis-lui bien...

CLAIRE.

Je lui dirai tout ce que je pourrai lui dire... décemment, car tu conviendras que l'ambassade est au moins singulière.

GEORGES.

Ma petite sœur!

CLAIRE.

Mon petit frère... allez-vous-en!

GEORGES.

Tu me promets...

CLAIRE.

Je l'entends... allons! allons! et reviens à quatre heures.

GEORGES.

Qu'est-ce que je vais faire d'ici là, mon Dieu?

CLAIRE.

Tu feras des vers, mon Dieu! (Georges sort par la gauche.)

SCÈNE II.

CLAIRE, seule.

Oh! amour, cela flambe si bien, quel malheur que cela s'éteigne si vite. Je ne puis pourtant pas lui dire cela à brûle-pourpoint... Oui, mais par quelle transition... Georges se serait jeté à ses pieds pour commencer. Peut-être eût-ce été plus simple? Comment va-t-elle le prendre?

Les femmes sont si étranges et Emma si méfiante avec son air évaporé ! Ah ! ce n'est pas facile... La voici !

SCÈNE III.

CLAIRE, EMMA, entrant en riant.

EMMA.

Ah ! ah ! ah ! Et de deux ! C'est fait ! Tiens, Claire. Bonjour, Claire. Je croyais ton frère avec toi. Caïn, qu'as-tu fait de ton frère ?

CLAIRE.

Comme te voilà joyeuse, ma belle Emma !

EMMA.

Et toi, belle et triste, ma Claire mélancolique... (Elle prend sur la table la carte de Georges.) Ah ! il reviendra à quatre heures... Très-bien !

CLAIRE.

C'est une figure de circonstance. J'ai des choses graves à te dire.

EMMA.

Et moi des choses gaies à te raconter. Tu ne sais pas, je suis dans mon jour de liquidation.

CLAIRE.

Comment ?

EMMA.

Aujourd'hui, trente avril... Je liquide mes amants d'hiver.

CLAIRE.

Tes amants ?...

SCÈNE III.

EMMA.

D'hiver, oui. Toi qui es mariée et heureuse, tu ne manques pas de gens qui te font la cour, n'est-ce pas? Eh bien, moi, qui suis séparée et malheureuse, juge un peu. (Elle rit.)

CLAIRE.

De sorte que...

EMMA.

De sorte que, quand arrive la fin de la saison, j'ai un fort stock de galants à écouler. Je commence avec le mois, et ceux qui tiennent bon jusqu'au trente, dernier délai, je les liquide impitoyablement. Et cela m'amuse!... Je viens de liquider le colonel.

CLAIRE, à part.

Voici qui n'est pas pour nous aider.

EMMA.

Et comment? je te le donne en mille. Ce pauvre gros colonel! Je l'avais mis dans le petit salon bleu, tu sais, celui où il n'y a que des petites chaises. Au moindre mouvement passionné!... Crac!... Ce qu'il en a cassé! Et il avait chaud! A chaque mot d'amour, j'ajoutais une bûche. Au bout d'un quart d'heure, ce n'était plus tenable. Entre deux feux! Il a battu en retraite. Il était en nage. Il était furieux. Je l'ai entendu murmurer en s'en allant, avec sa voix d'ophicléide, cette sa... tanée femme-là a'eu un père gelé en Russie, c'est sûr. (Elle rit.)

CLAIRE.

Folle!

EMMA.

Sage, au contraire, ô ma plaintive amie! Je veux bien me distraire, mais me compromettre, ah! non. Et puisque je suis libre de la main droite, j'aurais bien tort de m'enchaîner de la main gauche, conviens-en.

CLAIRE.

Voyons, Emma, assieds-toi là, j'ai à te parler sérieusement, je te le répète.

EMMA.

Ah! bien, non! Ah! bien, non! Je devine ce que tu vas me dire d'ailleurs.

CLAIRE.

Tu devines?

EMMA.

Ma chère, c'est ton frère, c'est vrai, il est beau, c'est convenu, il est amoureux, c'est entendu, — mais, non! et non!

CLAIRE.

Qui te parle?

EMMA.

Inflexible! inexorable! Ce soir, fin de mois, il faut que ma balance soit faite.

CLAIRE.

Laisse-moi t'expliquer...

EMMA.

Je sais! Je sais! (Elle rit.) Il est très-malheureux, n'est-ce pas?

CLAIRE.

Mais il ne s'agit point...

EMMA.

Liquidé! Je connais son affaire. Troisième période. J'emploierai mon grand moyen.

CLAIRE.

Que dit-elle là?

SCÈNE III.

EMMA.

Ma chère, comment on nous fait la cour pour le bon motif, je l'ignore; j'ai été mariée, tu sais comme, mais pour le motif, le... enfin... l'autre. Oh! il n'y a pas une personne autour du lac qui en sache plus long que moi. Écoute.

CLAIRE.

Mais enfin...

EMMA.

Première période, première visite! toilette travaillée, essences exquises, formes discrètes : « J'avais hâte de profiter de votre permission, madame la comtesse, » bouche gracieuse, façons de l'ancienne cour, regards furtifs sur la dame pour voir si elle est aussi bien au jour qu'aux lumières, et sur l'appartement pour savoir si on sera bien logé; beaucoup d'esprit, le chapeau à la main, les deux gants irréprochables. On sort sur un mot brillant.

CLAIRE.

Emma...

EMMA.

Deuxième période. Air ouvert, franc, bon garçon. On dépose son chapeau sur un meuble en entrant : « Bonjour, chère madame. » Beaucoup de verve. On a toujours rêvé l'amitié d'une femme; si elle le voulait, on se promènerait, on s'écrirait, on se dirait tout... Ce serait charmant! On ôte un gant. Départ sur un shake-hands accentué... Un jalon!

CLAIRE, riant.

Elle est impossible!

EMMA.

Ah! ah! Tu connais celle-là, il paraît. Troisième période : Air pensif, toilette sombre, attitudes mélancoliques, longs silences, œil au ciel. L'amitié ne suffit plus, on ôte les deux gants. « Ah! madame! » On parle de sa mère. Il y en a qui toussent; on essaye de prendre la main... Départ sur une larme furtive... C'est le cas de monsieur ton frère, celui-là.

CLAIRE.

Voyons!...

EMMA.

Et enfin, période quatrième et dernière : Entrée brusque, allure nerveuse! Front pâle ou rouge, selon le tempérament des personnes. Crampe aux sourcils, scène agressive et passionnée. Plus de chapeau! plus de gants! plus rien! Des imprécations! des grands pas! Fatalité! La main dans les cheveux! Emma! Elle a un autre! Mariée! Oh! cet homme! cet homme!... Et le reste!

CLAIRE.

Mais le départ?

EMMA.

Oh! celui-là, je le sonne!

CLAIRE.

As-tu tout dit? Et veux-tu m'écouter, à la fin?

EMMA.

Non! non! et non! Ton frère est certainement... ton frère. Mais je le liquiderai comme les autres.

CLAIRE.

Ce n'est pas de lui qu'il s'agit.

EMMA.

Ce n'est pas de lui? Pourquoi donc? Je veux dire de qui donc?

CLAIRE.

De ton mari.

EMMA.

De mon... Oh! alors... (Elle fait mine de se boucher les oreilles.)

SCÈNE III.

CLAIRE, lui tendant une lettre.

Au moins, lis cela.

EMMA, la repoussant.

Pas davantage.

CLAIRE.

Mais tu ne sais pas...

EMMA.

Je ne sais pas. Mais je suis sûre que M. d'Heilly est quelque part où il se grise tous les jours depuis cinq ans, comme il s'est grisé ici le jour de ses noces, et cela me suffit. Renvoyé à mon homme d'affaires ! N'en parlons plus ! Pouah ! N'en parlons plus.

CLAIRE.

Une telle obstination...

EMMA.

Claire ! Ma petite Claire ! (Elle l'embrasse.) Là ! C'est fini !... (Un domestique entre, portant une carte sur un plateau.) Qu'est-ce que c'est ? (Elle regarde la carte.) Lord Wild ! Ah ! tu as de la chance... Il arrive bien. (Au domestique.) Oui, oui, au salon ! Le domestique sort. — A Claire.) Tu vas assister à l'exécution de celui-ci. C'est très-curieux. (Elle sonne. — Une femme de chambre paraît à droite.) La robe ! (La femme de chambre sort.)

CLAIRE.

Qu'est-ce que tu fais ?

EMMA, défaisant les embrasses de la portière du fond.

Ma chère, celui-ci est Anglais et tenace. C'est une quatrième période très-avancée... Alors, j'emploie mon grand moyen. (La femme de chambre apporte une robe.)

CLAIRE.

Et cette robe ?..

EMMA, même jeu.

Noire? C'est mon grand moyen. (Elle passe derrière le paravent.)

CLAIRE.

Voilà qui est singulier.

EMMA, paraissant de temps en temps, de manière à être toujours en scène.

Eh! ma chère, c'est un vieux procédé de comédie, mais aussi bon qu'il est vieux, il paraît, car il m'a toujours réussi. Quand j'ai affaire à des entêtés comme lord Wild ou ton frère... Aïe! Je me suis piquée!... J'attends la tirade numéro quatre, tu sais? « Emma! Elle a un autre! Oh! cet homme! cet homme! » Je me lève alors, et d'un air à la fois douloureux et provoquant, je laisse tomber sur le candidat ces simples mots : (Elle sort de derrière le paravent; elle est vêtue de noir.) Je suis veuve, monsieur!

CLAIRE, suffoquée.

Veuve? Comment, veuve?

EMMA, riant.

Et ils se sauvent! Ah! ah! Mets-toi là, tu vas voir... Ne ris pas trop fort, seulement.

CLAIRE.

Ah! par exemple!

EMMA.

Je reviens dans cinq minutes. (La plaçant à la porte du fond.) Écarte ce rideau, je laisserai la porte ouverte... « Je suis veuve, monsieur. » Tu vas voir... Oh! ce ne sera pas long.
(Elle sort en riant.)

SCÈNE IV.

CLAIRE, seule.

Voici bien le hasard le plus extravagant... Décidément, elle eût pu lire la lettre sans danger pour elle et pour nous. Oui, mais pour nous vaut-il pas mieux?... Est-ce que l'on ne pourrait pas profiter... Voyons! voyons!... Hein? (Elle regarde par la portière entre-bâillée.) Ah! les voilà! C'est qu'elle le fait comme elle dit! Bon, lord Wild se met en marche... Oh! oh! à grands pas... Comme il est rouge... il paraît que c'est son tempérament à lui... Très-bien! c'est cela! c'est cela! De point en point! La main dans les cheveux, eh! mais c'est très-amusant! C'est fini, le voilà lancé!... Eh bien! eh bien!... Oh! cette Emma (Elle s'éloigne de la portière.) Vraiment, je ne sais plus si je dois... (Elle se remet à regarder.) Ah! c'est à son tour, à présent. Ah! ah! « Je suis veuve, monsieur! » Allons, il est écrit que tout le programme y passera... Ah! mais il n'est plus rouge, il est pâle... Dieu! quelle figure! Ah! le malheureux! C'est une véritable déroute! (On entend sonner très-fort. Elle redescend en scène.) C'est impayable! (Après un moment de réflexion.) Eh! bien, mais voilà mon moyen.

SCÈNE V.

CLAIRE, EMMA.

EMMA.

Et de trois! L'as-tu vu courir? En cinq minutes! juste c'est infaillible!

CLAIRE, à part.

Advienne que pourra, je garde la lettre.

EMMA.

Tu ne ris pas assez, tu penses à ton frère ? Ah ! ah ! Tu as peur, avoue que tu as peur.

CLAIRE.

Peur ? de quoi ?

EMMA.

De quoi ? ah ! de quoi ? Eh bien, ma chère, aussi vrai que j'ai le malheur de m'appeler Emma d'Heilly, M. Georges de Pienne va prendre le chemin de lord Wild et en cinq minutes, comme lui, — mettons-en dix et n'en parlons plus.

CLAIRE.

Sceptique ! c'est donc à dire que personne ne nous aime.

EMMA.

Personne ! pour le bon motif, s'entend... Pour l'autre — oh ! pour l'autre... je te dis qu'ils sont tous comme cela, tous ! et ton frère aussi ; ne me parle pas de ton frère !

CLAIRE.

Qui t'en parle ?

EMMA.

Nous aimer, nous, femmes mariées, séparées ? est-ce qu'on le doit ? est-ce qu'on le peut ? est-ce que nous sommes libres ? nous aimer ? mais par cela même qu'on nous le dit, on prouve qu'on ne nous estime pas assez pour le faire ! nous aimer ? allons donc ! on nous collectionne, et me vois-tu, moi, dans l'herbier de M. Georges, entre une date et une mèche de cheveux... Oh ! tiens, quand je pense à cela !... Ah ! il va passer un joli quart d'heure, ton Georges.

CLAIRE.

Mais lui ne s'est jamais permis, que je sache...

SCÈNE V.

EMMA.

Oh! que nenni! et que le monsieur est bien plus fin! Il tâte l'eau, il m'envoie un ambassadeur... et même, entre nous, dis donc, sais-tu que... car enfin, j'ai un mari, sans que cela paraisse ; si ce n'était pas ton frère... Hem! Une pareille insistance... Hem! hem! mais enfin, c'est ton frère, je te pardonne.

CLAIRE.

Mais je n'ai pas insisté, mais je n'ai pas soufflé mot.

EMMA.

Puisque je te pardonne.

CLAIRE.

Il n'y a pas de quoi. Et si je ne t'ai rien dit, et qu'il ne t'en ait pas dit davantage...

EMMA.

Plaides-tu non coupable? parce qu'il ne lui manque que la parole? Oh! je vais la lui donner, sois tranquille, il parlera, il faut qu'il parle... Trente avril! Liquidation forcée!

CLAIRE.

Et tu lui joueras la même comédie?

EMMA.

Identiquement. Oh! mon Dieu, l'imagination n'a que faire ici. C'est bête comme la pêche à la ligne.

CLAIRE.

Et s'il restait?

EMMA.

S'il restait?... Bon! Il ne restera pas, je te dis que c'est infaillible. Il n'y en a qu'un qui soit resté... un seul! et c'était un vieillard, un noble vieillard; mais j'ai ajouté que

la sucession était embrouillée, et... je ne l'ai plus revu...
En amour, règle générale....

CLAIRE.

En amour, règle générale... il n'y a que des exceptions.
Va, va, on trouve encore des cœurs sincères.

EMMA.

Les jours de liquidation? Jamais! (La pendule sonne quatre hueres.) Son heure a sonné.

CLAIRE, à part.

Eh bien, mais, il n'y a plus qu'à les laisser faire. Adieu !
(Elle va vers la porte de gauche.)

EMMA.

Comment, tu t'en vas?

CLAIRE.

Tu n'exiges pas que j'assiste au sacrifice, j'imagine.

EMMA, l'arrêtant.

Oh! mais un instant... Ne vas pas me trahir et lui raconter... Jure-moi sur... voyons... Sur quoi pourrais-tu bien me jurer cela? Une sœur, cela n'a rien de sacré.

CLAIRE.

Ah! méfiante.

EMMA, la conduisant à la porte du fond.

Tiens passe par ici, cela vaudra mieux qu'un serment...
C'est lui! (Elles s'arrêtent.)

SCÈNE VI.

EMMA, CLAIRE, GEORGES.

GEORGES, entrant timidement.

Il regarde Emma d'un œil interrogateur et la saluant.

Madame. (Emma salue cérémonieusement et gravement.)

SCÈNE VII.

GEORGES, à part, la regardant toujours.

Ma sœur a parlé, je le vois, pour le mari, mais pour moi?... (Pendant ce temps, Claire va vers la porte du fond. Arrivée là elle revient, et bas à Emma.)

CLAIRE.

Mais enfin... s'il restait?

EMMA, de même.

Il ne restera pas. (Claire va pour sortir.)

GEORGES, allant à elle.

Claire? (Claire le salue cérémonieusement et gravement et sort.)

SCÈNE VII.

EMMA, GEORGES.

EMMA, regardant Georges et à part.

Eh bien! vrai, j'en serai fâchée. (Se reprenant.) Eh! mais, dites donc, vous, madame Emma, vous en-se-rez-fâ-chée?... pour lui? Ah! pour lui, à la bonne heure.

GEORGES, la regardant et à part.

Elle paraît trop triste, je n'aime pas cela.

EMMA, à part.

Air pensif, toilette sombre, attitude mélancolique, c'est bien de la troisième période ou je ne m'y connais pas.

GEORGES, à part.

Elle ne me parle pas, et Claire qui s'en va sans me rien dire, c'est très embarrassant.

EMMA, à part.

Longs silences, œil au ciel, tout y est.

GEORGES, à part.

Il faut pourtant que je sache... (Allant à elle la main tendue et gravement.) Merci, madame.

EMMA, l'imitant à part.

« Madame! » et il essaye de me prendre la main! comme c'est cela! (Haut.) Et de quoi donc, me remerciez-vous, monsieur Georges?

GEORGES, étonné et retirant sa main.

(Haut.) Mais, madame... (A part.) Je marche à tâtons, moi. (Haut.) Ne fût-ce que de me recevoir dans les circonstances... délicates où... ma sœur enfin... où vous vous trouvez.

EMMA, à part.

Sa sœur? les circonstances. Que dit-il donc?

GEORGES.

Ne me permettrez-vous pas de voir là une initiation, en quelque sorte, à votre intimité... Une preuve de... d'indulgence pour les sentiments... que je... que ma sœur... (A part.) Ah! mais j'ai chaud! (Il ôte un gant et prend son mouchoir.)

EMMA, à part.

Il ôte un gant! (Haut.) Ce que je crois démêler à travers tout cela, c'est que vous me faites une déclaration d'amitié, n'est-ce pas?

GEORGES.

D'amitié! (A part.) Ah çà, Claire n'a donc rien dit de moi. (Haut.) De l'amitié? Mon Dieu! madame, je ne me ferai pas meilleur que je ne le suis... ou pire, mais vous m'accorderez bien qu'une affection aussi rare toujours est particulièrement difficile à côté d'une personne de votre mérite. (A part.) Ouf! (Il ôte son autre gant et s'essuie le front.)

SCÈNE VII.

EMMA, à part.

Et de deux ! Et l'amitié ne lui suffit plus. Cela se corse. (Haut.) Mais alors, monsieur Georges, je ne comprends plus du tout, moi, expliquez-vous.

GEORGES.

Madame, dans les circonstances délicates...

EMMA.

Encore !

GEORGES.

Eh bien, non, vous avez raison, je n'insisterai pas sur ce point, puisque vous me le défendez... (A part.) Elle le prend mieux que je ne le craignais. (Haut.) Je ne vous parlerai que de moi.

EMMA.

C'est cela... De vous ! Parlons de vous ! (A part.) Allons donc, allons donc !

GEORGES.

Madame, je croyais que ma sœur...

EMMA.

Ah ! pardon, décidément est-ce de vous ou de madame votre sœur que nous avons l'honneur de parler ?

GEORGES.

De moi, madame, puisque vous me le permettez, mais vous excuserez des hésitations qui révèlent une anxiété bien légitime. Il y a des paroles dont l'écho doit retentir si profondément dans la vie qu'on ne les provoque qu'avec effroi. La minute qui les entend peut contenir dans sa brièveté tout un avenir de joie ou de douleur.

EMMA, à part.

Va, mon ami, va... Il est trop bien portant pour tousser, mais il va parler de sa mère, c'est sûr.

GEORGES.

Si j'avais encore ma mère, madame...

EMMA, à part.

Là !

GEORGES.

Comme elle en eût été la confidente, elle eût été l'interprète de mes rêves...

EMMA, à-part.

Une jolie commission.

GEORGES.

Car il s'agit d'un rêve bien longuement caressé, d'un espoir bien longtemps attendu, et, à la fois si vivace et si frêle, qu'on peut le tuer d'un regard ou l'animer d'un sourire.

EMMA, à part.

Comme c'est rédigé ! (Haut.) Bref, tout cela veut dire que vous m'aimez, si je ne m'abuse ?

GEORGES, se levant.

Oui, madame.

EMMA.

Asseyez-vous donc... (Georges se rassied.) D'amour ?

GEORGES.

Oui, madame.

EMMA, plaintivement.

Oh ! monsieur... (A part.) Comme les autres, non, vraiment cela me fait de la peine.

GEORGES.

Vous détournez les yeux !... Vous... Ah ! mon Dieu, vous aimez quelqu'un ?

EMMA, avec hauteur.

Monsieur !

GEORGES.

Pardon ! oh ! pardon ! alors, vous ne me croyez pas ?

SCÈNE VII.

Est-il possible que vous ne me croyiez pas et que le cœur soit à ce point aveugle et sourd? Mais depuis trois mois, depuis que ma sœur m'a présenté à vous, mes assiduités, mon trouble n'ont pu vous échapper. Est-ce que l'amour s'habille de formules? Est-ce qu'il ne dit rien, parce qu'il se tait et ne se montre pas parce qu'il se cache? Est-ce que la femme ne sait pas, mieux que nous, voir dans l'ombre de notre âme et parler le langage de son silence?

EMMA, à part, en le regardant.

Hon!... musicien!

GEORGES.

Mon Dieu, vous avez payé chèrement, je le sais, le droit d'être incrédule, mais enfin pourquoi mentirais-je et quel intérêt me supposez-vous donc?

EMMA, à part.

Quel intérêt? il est d'une effronterie.

GEORGES.

Non vous ne me croyez pas? je le sens! et c'est ma faute! Et moi qui disais que le cœur est aveugle et sourd! mais il est muet aussi, car le mien, si plein de vous, ne trouve pas un accent pour vous toucher, pas un mot pour vous convaincre.

EMMA, en le regardant, à part, avec un soupir.

C'est pourtant dommage.

GEORGES.

Et je suis là, anxieux, épiant cette parole que j'espère et que je redoute, et que votre charité me fait bien attendre.

EMMA, à part.

Allons! mon grand moyen! Qu'est-ce qu'il va dire, lui? Mon cœur bat.

GEORGES.

Madame, madame, au moins répondez-moi, fût-ce par un regard, répondez-moi, je vous en supplie.

EMMA, se levant.

Je suis veuve, monsieur !

GEORGES, étonné, se levant aussi.

Mais, madame, je le sais bien !

EMMA.

Hein? vous le... (A part.) Voici qui est fort, par exemple. (Haut.) Ah! vous le savez bien.

GEORGES.

Mais certainement, madame.

EMMA, à part.

Enfin, il est du moins plus convenable, lui... plus convenable... (Réfléchissant.) ou plus habile. (Haut.) Ah! vous le savez bien. (A part.) C'est égal, je n'étais pas préparée...

GEORGES.

Et c'est même pour cela que je suis venu.

EMMA.

Et c'est même pour cela que... (A part.) Décidément il est très-fort... Nous allons bien voir... (Haut.) Ainsi, vous savez que je suis veuve et vous m'aimez, — néanmoins, monsieur?

GEORGES, étonné.

Néanmoins, madame? (A part.) Ah! mon Dieu, est-ce qu'elle le regretterait à ce point-là.

EMMA, s'animant.

Néanmoins! vous avez bien pesé vos paroles, vous? vous êtes un homme sérieux, vous? vous n'êtes pas comme les autres, vous? (A part.) Attends, attends, mon ami !

SCÈNE VII.

GEORGES.

Madame.

EMMA.

Répondez. Je suis veuve et vous m'aimez?

GEORGES, étonné.

Mais...

EMMA.

Ah! Oui ou non?

GEORGES, toujours étonné.

Oui, certes.

EMMA, menaçante, lui tendant la main

Eh bien, monsieur, je vous donne ma main.

GEORGES, ivre de joie, se précipite sur cette main qu'il couvre de baisers fous.

Emma! est-il possible! votre main! Dieu! oh! Dieu!

EMMA, le regardant faire avec stupéfaction.

Monsieur!... monsieur! qu'est-ce que? Eh bien!

GEORGES

Votre mari, moi! mais c'est à devenir fou de joie! Emma!

EMMA, avec stupéfaction.

Emma!

GEORGES.

Vous m'aimiez donc aussi! Ah! vous aviez lu dans ma pensée, et depuis longtemps, n'est-ce pas? vous l'aviez percé à jour, mon pauvre secret? et vous qui me laissiez là tout à l'heure souffrir et balbutier, sans m'aider même d'un regard... Oh! les femmes! l'amour pour elles n'est qu'un éternel joujou! Elles sont sans pitié, comme l'enfance! Non, ce n'est pas vrai! non, ne m'écoutez pas, je ne sais plus ce que je dis... je ne sais plus... je vous adore!

EMMA, qui s'est insensiblement éloignée de lui avec une sorte de terreur, se réfugie derrière un canapé, et tendant le bras vers lui et du ton de l'accusation.

Monsieur de Pienne!

GEORGES, étonné et faisant un pas vers elle.

Qu'est-ce donc? qu'avez-vous?

EMMA, se reculant.

N'approchez pas! monsieur de Pienne! votre sœur a parlé!

GEORGES.

Ma sœur... mais...

EMMA.

Oui, tout à l'heure... Oh! ne fût-ce que par un mot, par un geste, par un signe! J'ignore comment, mais elle vous a tout fait comprendre, vous savez tout!

GEORGES, de plus en plus étonné et allant à elle.

Mais, madame...

EMMA, se reculant toujours.

N'approchez pas! niez donc que c'est d'elle, de Claire, de votre sœur, que vous tenez mon histoire de veuvage.

GEORGES.

De ma sœur?... mais je l'avoue.

EMMA, à part.

Eh bien! il est franc. (Haut.) Ah! vous l'avouez! et instruit par elle, prémuni de la sorte, avançant à coup sûr, vous êtes venu... vous avez osé... Ah çà, monsieur, savez-vous que le jeu est impertinent et que voilà une heure que vous m'insultez!

GEORGES.

Et moi, madame, je dis que le jeu est cruel et que vous

SCÈNE VII.

me raillez depuis une heure! Quoi! lorsque je vous offre de passer ma vie avec vous... Mais où donc est l'insulte?

EMMA, stupéfaite.

Où donc? (A part.) Il est tout simplement cynique.

GEORGES.

Et pardonnez-moi de vous le dire, quand vous me repoussez ainsi, un pareil refus n'est digne ni de moi, ni de vous.

EMMA, à elle-même.

Ah! par exemple, non! non! celui-ci n'est pas comme les autres... En vérité, c'est à croire que... (A Georges.) Voyons! voyons! vous avouez bien que vous avez vu votre sœur.

GEORGES, avec dépit.

Mais oui, madame, je l'ai vue, et vous aussi vous l'avez vue.

EMMA.

Et elle vous a bien dit?...

GEORGES.

Et elle vous l'a bien dit aussi.

EMMA.

Mais enfin quoi?

GEORGES.

Que vous êtes veuve.

EMMA, surprise.

Je suis veuve! dites donc qu'elle vous a dit que je ne le suis pas.

GEORGES, surpris aussi.

Vous n'êtes pas veuve! Dites donc qu'elle vient de vous dire que vous l'êtes.

EMMA, s'animant.

Mais elle ne m'a pas dit que je suis veuve.

GEORGES, s'animant aussi.

Mais elle ne m'a pas dit que vous ne l'êtes pas !

EMMA, au paroxysme de l'animation.

Eh! monsieur, pourquoi dites-vous qu'elle m'a dit que je suis veuve, quand vous venez de me dire qu'elle vous a dit que je ne le suis pas.

GEORGES, même jeu.

Eh ! madame, pourquoi me dites-vous qu'elle m'a dit que vous n'êtes pas veuve et ne me dites-vous pas qu'elle vous a dit que vous l'êtes ?

SCÈNE VIII.

EMMA, GEORGES, CLAIRE.

CLAIRE, paraît à la porte de droite
et s'arrête en riant aux éclats.

Ah! ah! ah! (Emma et Georges la regardent avec stupeur.)

EMMA, allant à Claire.

Ah çà, décidément... suis-je veuve ou ne le suis-je pas ?

CLAIRE.

Tu l'es ! (Elle lui tend la lettre de la scène V^e, Emma y jette les yeux et laisse tomber ses bras d'un air qui signifie : Je comprends. Claire lui montrant son frère.) Et tu ne l'es pas !

GEORGES, suppliant.

Madame !

EMMA.

Monsieur Georges !

CLAIRE.

Tu vois bien qu'il y a des cœurs sincères.

SCÈNE VIII.

EMMA, voulant l'empêcher de parler.

Chut! Oh! pas devant lui!

LAIRE.

Et qu'on peut néanmoins nous aimer.

EMMA, même jeu.

Ne parlons plus de cela.

GEORGES, à Emma.

Mais enfin, madame... Emma, de quoi me soupçonniez-vous? Que croyiez-vous donc?

CLAIRE.

Elle croyait... elle croyait... que tu ne venais...

EMMA, même jeu.

Non! non!

CLAIRE.

Que tu... Enfin que c'était...

EMMA, même jeu.

Mais veux-tu bien te taire.

CLAIRE, rapidement à l'oreille de Georges

Pour l'autre motif.

GEORGES, baisant la main d'Emma.

Oh! chère femme!

FIN.

PARIS. — J. CLAYE, IMPRIMEUR, 7, RUE SAINT-BENOIT. — [397]

www.ingramcontent.com/pod-product-compliance
Lightning Source LLC
Chambersburg PA
CBHW060521050426
42451CB00009B/1089